Impressum
Verlag: BABADADA GmbH, Nedderfeld 112 , 22529 Hamburg
Geschäftsführer / Verlagsleitung: Harald Hof
Druck: Books on Demand GmbH, In de Tarpen 42, 22848 Norderstedt

Imprint
Publisher: BABADADA GmbH, Nedderfeld 112 , 22529 Hamburg, Germany
Managing Director / Publishing direction: Harald Hof
Print: Books on Demand GmbH, In de Tarpen 42, 22848 Norderstedt, Germany

Šola

xue xiao

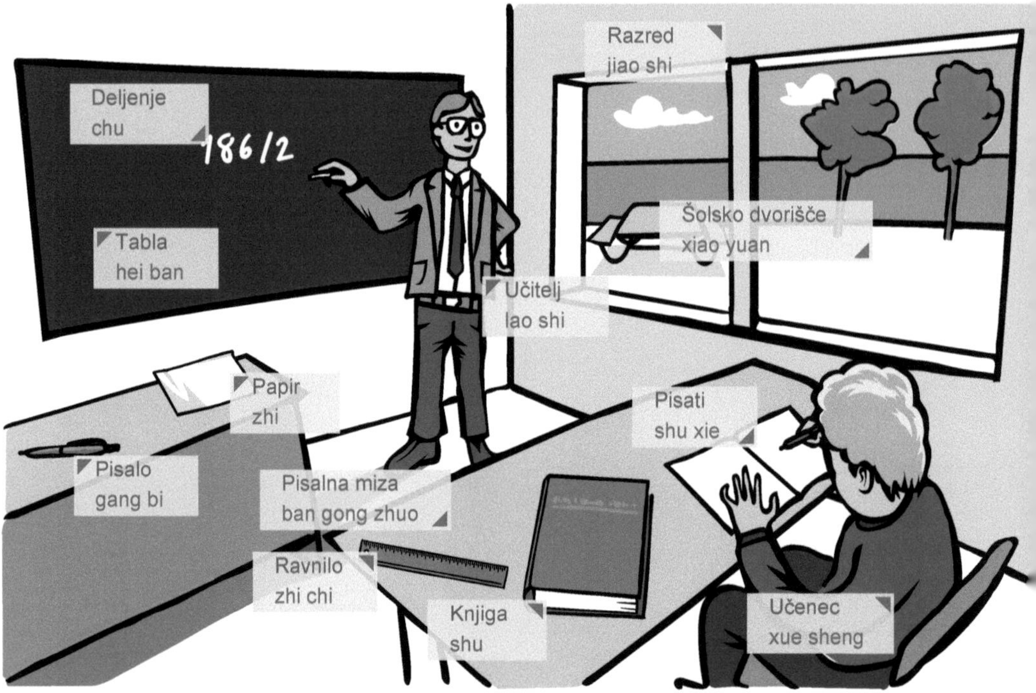

Razred
jiao shi
Deljenje
chu
186/2
Tabla
hei ban
Šolsko dvorišče
xiao yuan
Učitelj
lao shi
Papir
zhi
Pisati
shu xie
Pisalo
gang bi
Pisalna miza
ban gong zhuo
Ravnilo
zhi chi
Knjiga
shu
Učenec
xue sheng

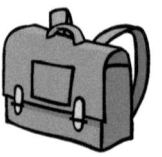

Šolska torba

shu bao

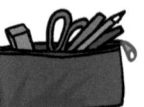

Peresnica

qian bi he

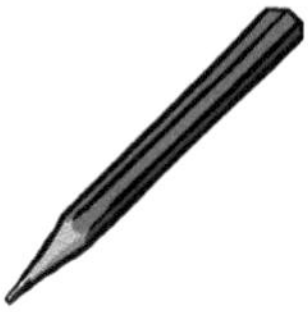

Svinčnik

qian bi

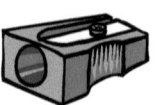

Šilček

juan bi dao

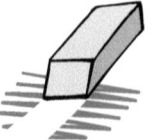

Radirka

xiang pi ca

Risalni blok

hua ban

Risba

tu hua

Čopič

hua bi

Vodene barvice

yan liao he

Škarje

jian dao

Lepilo

jiao shui

Zvezek

lian xi ce

Domača naloga

jia ting zuo ye

Število

shu zi

Seštevanje

jia

Odštevanje

jian

Množenje

cheng

Računanje

ji suan

Črka

zi mu

Abeceda

zi mu biao

Beseda

zi

Besedilo

ke wen

Brati

du

Kreda

fen bi

Učna ura

shang ke

Redovalnica

deng ji

Preizkus znanja

kao shi

Spričevalo

zheng shu

Šolska uniforma

xiao fu

Izobrazba

jiao yu

Enciklopedija

bai ke quan shu

Univerza

da xue

Mikroskop

xian wei jing

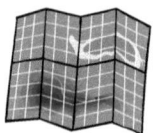

Zemljevid

di tu

Koš za smeti

fei zhi kuang

Potovanje
lü xing

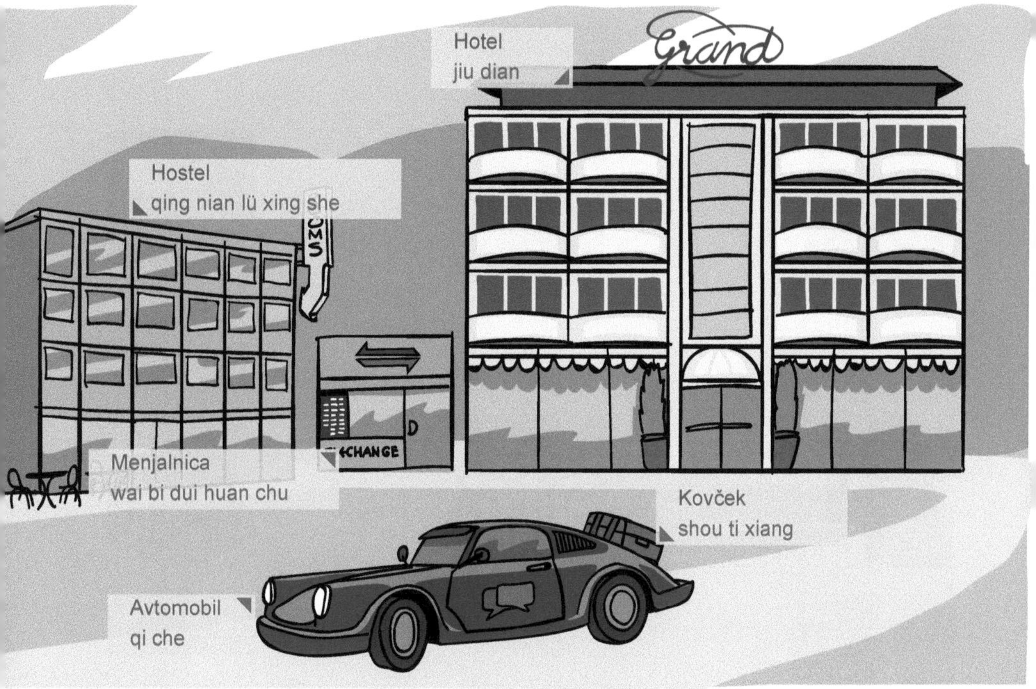
Hotel
jiu dian
Grand
Hostel
qing nian lü xing she
Menjalnica
wai bi dui huan chu
Kovček
shou ti xiang
Avtomobil
qi che

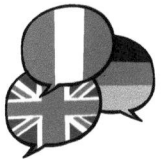

Jezik

yu yan

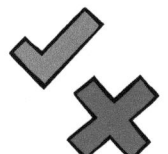

da / ne

shi/fou

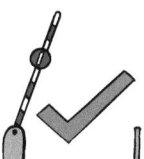

Prav

hao de

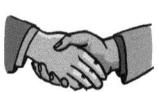

Pozdravljeni

nin hao

Prevajalec

fan yi yuan

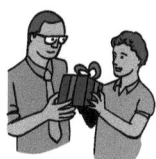

Hvala

xie xie

Koliko stane...?

......duo shao qian?

Ne razumem

wo bu ming bai

Težava

wen ti

Dober večer!

wan shang hao!

Dobro jutro!

zao shang hao!

Lahko noč!

wan an!

Nasvidenje

zai jian

Smer

fang xiang

Prtljaga

xing li

Torba

bao

Nahrbtnik

shuang jian bao

Gost

ke ren

Soba

fang jian

Spalna vreča

shui dai

Šotor

zhang peng

Turistične informacije

lü you xin xi

Plaža

hai tan

Kreditna kartica

xin yong ka

Zajtrk

zao can

Kosilo

wu can

Večerja

wan can

Vozovnica

piao

Dvigalo

dian ti

Znamka

you piao

Meja

bian jie

Carina

hai guan

Veleposlaništvo

da shi guan

Vizum

qian zheng

Potni list

hu zhao

Prevoz

jiao tong yun shu

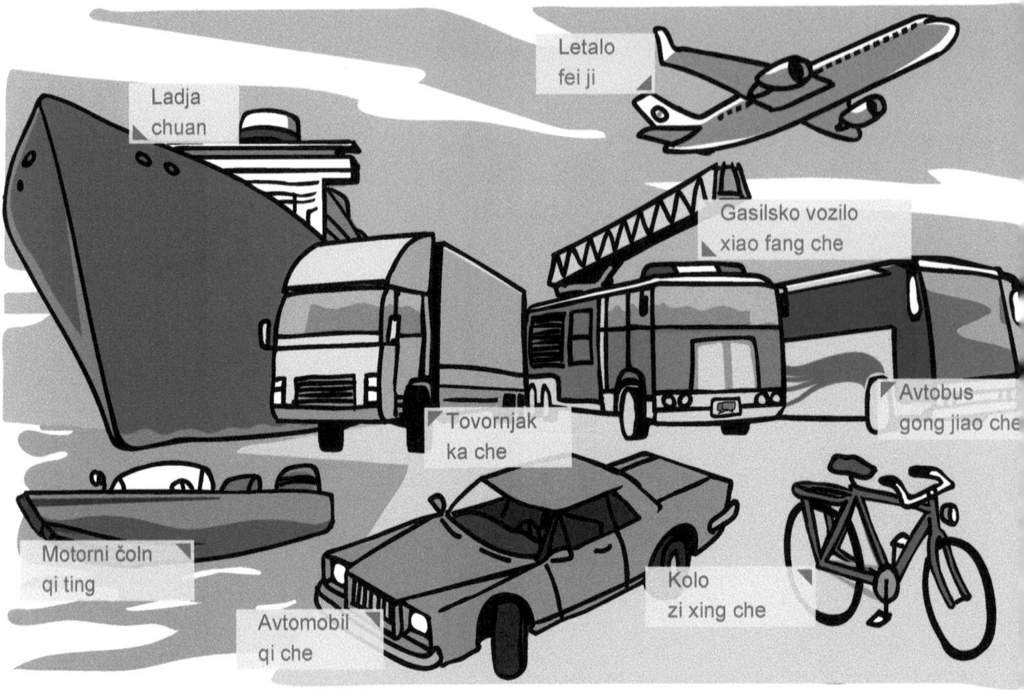
Letalo
fei ji
Ladja
chuan
Gasilsko vozilo
xiao fang che
Avtobus
gong jiao che
Tovornjak
ka che
Motorni čoln
qi ting
Kolo
zi xing che
Avtomobil
qi che

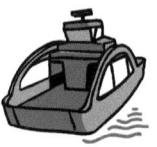

Trajekt

bai du chuan

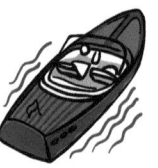

Čoln

xiao chuan

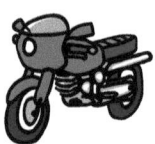

Motorno kolo

mo tuo che

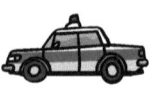

Policijski avto

jing che

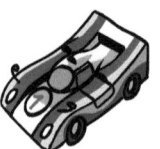

Dirkalni avto

sai che

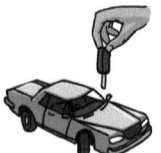

Najeto vozilo

zu che

Souporaba avtomobila

pin che

Avtovleka

tuo che

Smetarsko vozilo

la ji che

Motor

fa dong ji

Gorivo

qi you

Bencinska postaja

jia you zhan

Prometni znak

jiao tong biao zhi

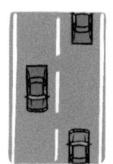

Promet

jiao tong

Zastoj

jiao tong du sai

Parkirišče

ting che chang

Železniška postaja

huo che zhan

Tirnice

gui dao

Vlak

huo che

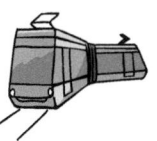

Tramvaj

dian che

Vagon

huo che

Helikopter

zhi sheng ji

Letališče

ji chang

Stolp

ta

Potnik

cheng ke

Kontejner

ji zhuang xiang

Karton

zhi ban xiang

Voziček

shou tui che

Košara

lan zi

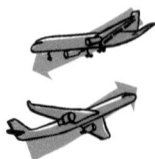

vzleteti / pristati

qi fei/jiang luo

Mesto

cheng shi

Vas

cun zhuang

Mestno jedro

shi zhong xin

Hiša

fang zi

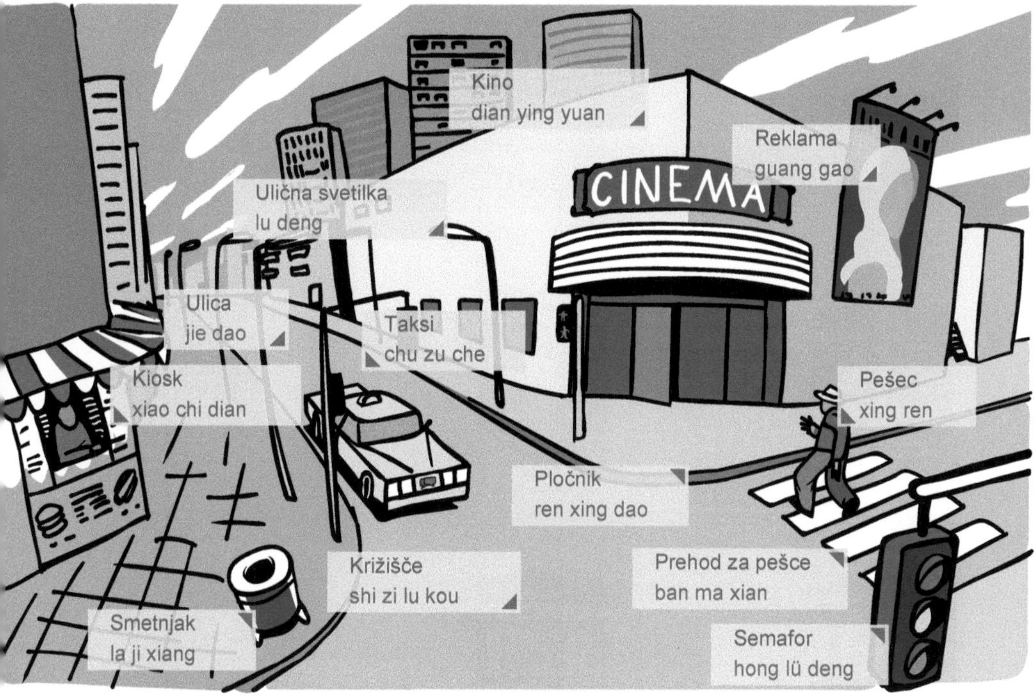

Kino
dian ying yuan

Reklama
guang gao

Ulična svetilka
lu deng

CINEMA

Ulica
jie dao

Taksi
chu zu che

Kiosk
xiao chi dian

Pešec
xing ren

Pločnik
ren xing dao

Križišče
shi zi lu kou

Prehod za pešce
ban ma xian

Smetnjak
la ji xiang

Semafor
hong lü deng

Koča

xiao wu

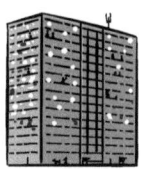

Stanovanje

gong yu

Železniška postaja

huo che zhan

Mestna hiša

shi zheng ting

Muzej

bo wu guan

Šola

xue xiao

Univerza

da xue

Banka

yin hang

Bolnišnica

yi yuan

Hotel

jiu dian

Lekarna

yao fang

Pisarna

ban gong shi

Knjigarna

shu dian

Trgovina

shang dian

Cvetličarna

hua dian

Supermarket

chao shi

Tržnica

shi chang

Veleblagovnica

bai huo shang dian

Ribarnica

yu dian

Nakupovalno središče

gou wu zhong xin

Pristanišče

hai gang

Park

gong yuan

Klop

chang deng

Most

qiao

Stopnice

lou ti

Podzemna železnica

di tie

Predor

sui dao

Avtobusno postajališče

gong jiao che zhan

Bar

jiu ba

Restavracija

can guan

Poštni nabiralnik

you tong

Ulična tabla

lu biao

Parkirna ura

ting che ji shi qi

Živalski vrt

dong wu yuan

Kopališče

you yong guan

Mošeja

qing zhen si

Kmetija

nong chang

Onesnaževanje

wu ran

Pokopališče

mu di

Cerkev

jiao tang

Otroško igrišče

cao chang

Tempelj

si miao

Pokrajina
di xing

List
shu ye

Kažipot
zhi shi pai

Pot
lu

Travnik
cao di

Kamen
shi tou

Pohodnik
tu bu lü xing zhe

Drevo
shu

Reka
he

Trava
cao

Cvetlica
hua

Dolina

xia gu

Hrib

shan

Jezero

hu

Gozd

sen lin

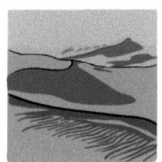

Puščava

sha mo

Vulkan

huo shan

Grad

cheng bao

Mavrica

cai hong

Goba

mo gu

Palma

zong lü shu

Komar

wen zi

Muha

cang ying

Mravlja

ma yi

Čebela

mi feng

Pajek

zhi zhu

Hrošč

jia chong

Žaba

qing wa

Veverica

song shu

Jež

ci wei

Zajec

ye tu

Sova

mao tou ying

Ptič

niao

Labod

tian e

Divji prašič

ye zhu

Jelen

lu

Los

mi lu

Jez

shui ba

Vetrnica

feng li fa dian ji

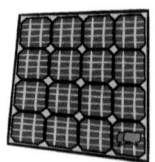

Solarna plošča

tai yang neng dian chi ban

Podnebje

qi hou

Restavracija
can guan

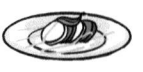

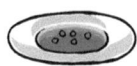

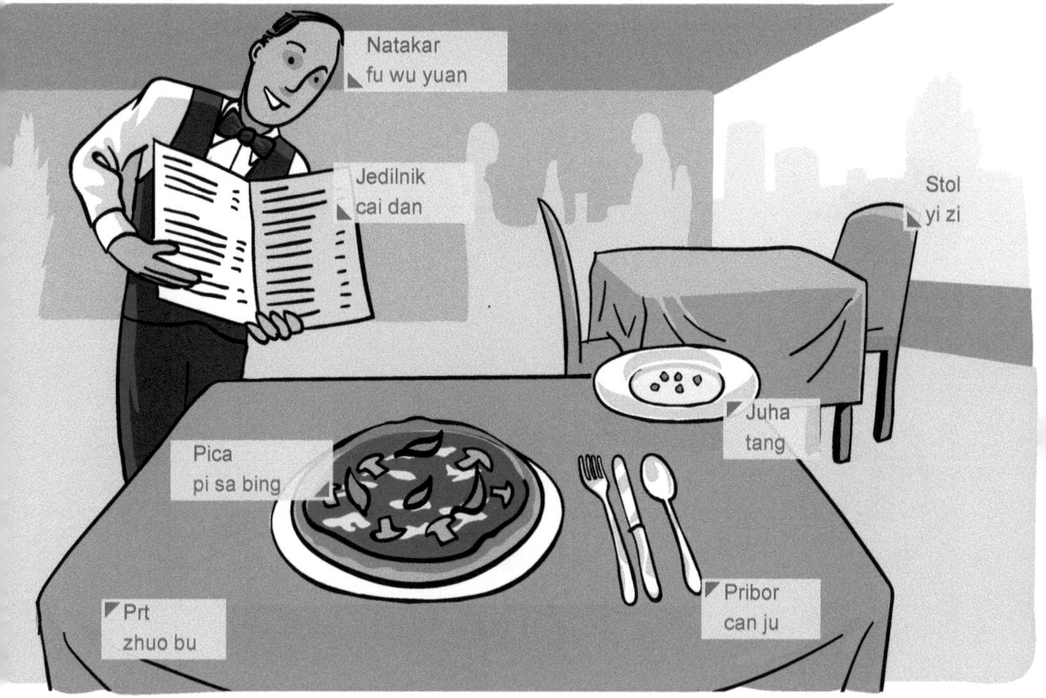
Natakar
fu wu yuan
Jedilnik
cai dan
Stol
yi zi
Juha
tang
Pica
pi sa bing
Prt
zhuo bu
Pribor
can ju

Predjed

qian cai

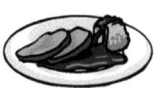

Glavna jed

zhu cai

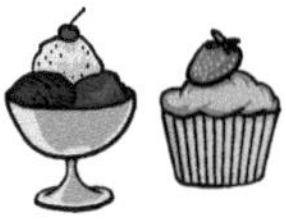

Sladica

tian dian

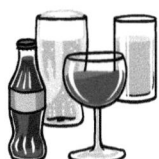

Pijače

yin liao

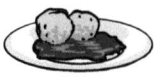

Hrana

shi wu

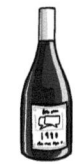

Steklenica

ping zi

Hitra hrana

kuai can

Ulična hrana

jie bian xiao chi

Čajnik

cha hu

Sladkornica

tang he

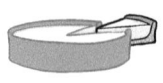

Porcija

yi fen fan cai

Aparat za espresso

yi shi ka fei ji

Stolček za hranjenje

gao jiao yi

Račun

zhang dan

Pladenj

tuo pan

Nož

dao

Vilica

can cha

Žlica

shao zi

Čajna žlička

cha chi

Servieta

can jin

Kozarec

bo li bei

Krožnik

die zi

Globoki krožnik

tang pan

Krožniček

die zi

Omaka

jiang

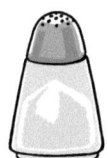

Solnica

yan ping

Mlinček za poper

hu jiao mo

Kis

cu

Olje

shi yong you

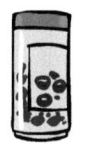

Začimbe

tiao wei liao

Kečap

fan qie jiang

Gorčica

jie mo

Majoneza

dan huang jiang

Supermarket

chao shi

Posebna ponudba
te jia
FOR
Stranka
gu ke
Mlečni izdelki
ru zhi pin
Sadje
shui guo
Nakupovalni voziček
gou wu che

BUTCHERS

Mesnica

rou pu

BAKERY

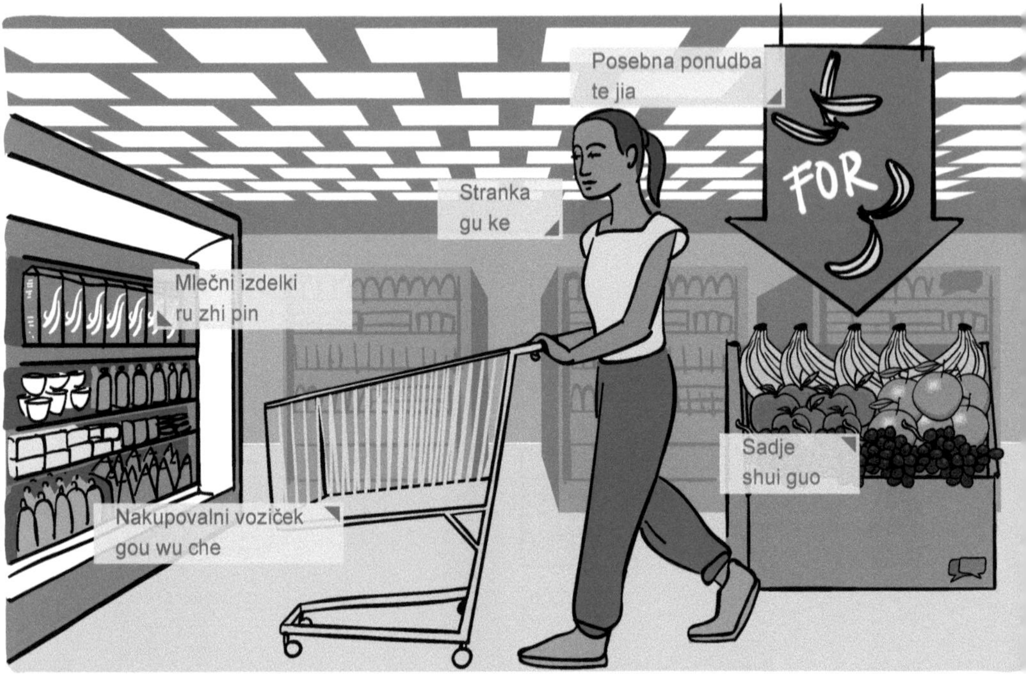

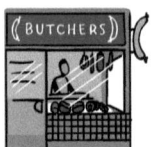

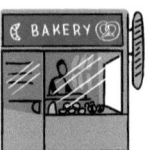

Pekarna

mian bao fang

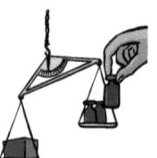

Tehtati

cheng zhong

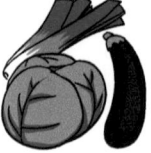

Zelenjava

shu cai

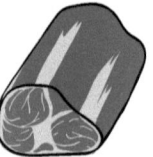

Meso

rou

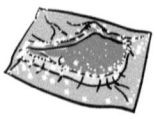

Zamrznjena hrana

leng dong shi pin

Hladne mesnine

leng pan

Konzerve

guan tou shi pin

Pralni prašek

xi yi fen

Sladkarije

tian shi

Gospodinjski izdelki

ri yong pin

Čistilno sredstvo

qing jie yong pin

Prodajalka

xiao shou yuan

Blagajna

shou yin ji

Blagajnik

shou yin yuan

Nakupovalni seznam

gou wu qing dan

Delovni čas

kai fang shi jian

Denarnica

qian bao

Kreditna kartica

xin yong ka

Torba

dai zi

Plastična vrečka

su liao dai

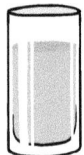

Voda

shui

Sok

guo zhi

Mleko

niu nai

Kola

ke le

Vino

hong jiu

Pivo

pi jiu

Alkohol

jiu

Kakav

ke ke

Čaj

cha

Kava

ka fei

Espresso

yi shi nong suo ka fei

Kapučino

ka bu qi nuo

Banana

xiang jiao

Jabolko

ping guo

Pomaranča

cheng zi

Lubenica

xi gua

Limona

ning meng

Korenje

hu luo bo

Česen

da suan

Bambus

zhu zi

Čebula

yang cong

Goba

mo gu

Oreščki

jian guo

Rezanci

mian tiao

Špageti

yi da li mian tiao

Riž

mi fan

Solata

sha la

Ocvrt krompirček

shu tiao

Pečen krompir

zha tu dou

Pica

pi sa bing

Hamburger

han bao bao

Sendvič

san ming zhi

Zrezek

zha zhu pai

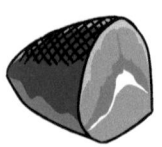

Šunka

huo tui

Salama

sa la mi

Klobasa

xiang chang

Piščanec

ji rou

Pečenka

kao rou

Riba

yu

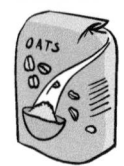

Ovseni kosmiči

yan mai pian

Musli

mu zi li

Koruzni kosmiči

yu mi pian

Moka

mian fen

Rogljiček

yang jiao mian bao

Žemlja

mian bao juan

Kruh

mian bao

Prepečenec

kao mian bao

Piškoti

bing gan

Maslo

huang you

Skuta

ning ru

Torta

dan gao

Jajce

dan

Pečeno jajce na oko

jian dan

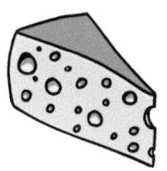

Sir

nai lao

Sladoled

bing ji lin

Sladkor

tang

Med

feng mi

Marmelada

guo jiang

Čokoladni namaz

qiao ke li jiang

Kari

ga li fan

Kmetija
nong chang

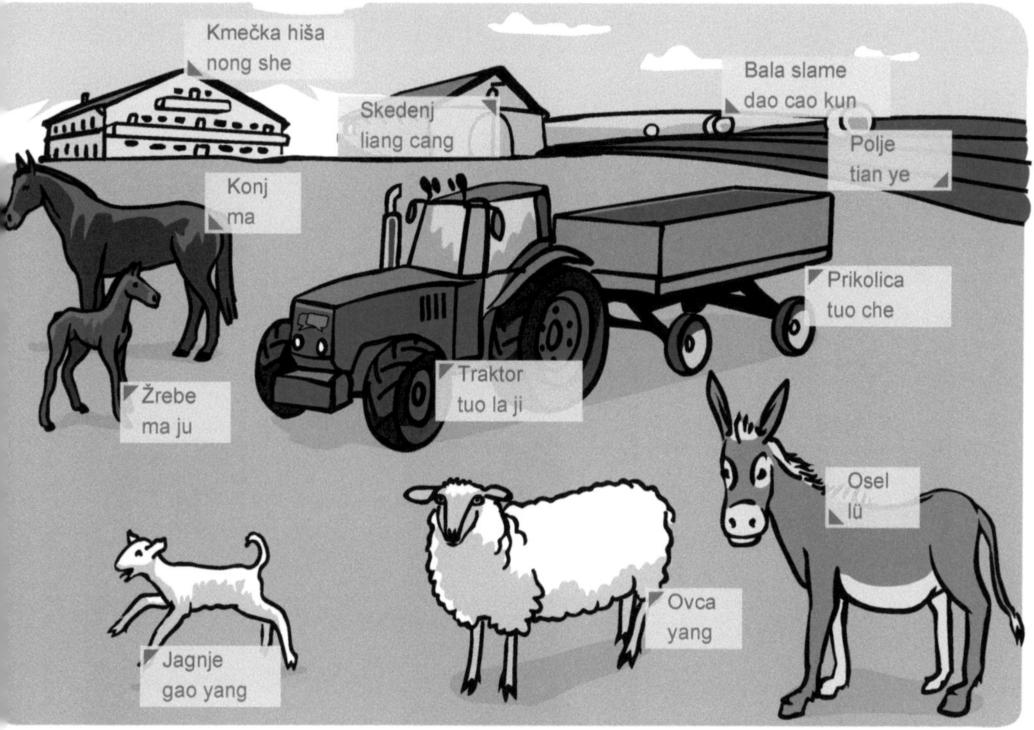
Kmečka hiša
nong she
Skedenj
liang cang
Bala slame
dao cao kun
Polje
tian ye
Konj
ma
Prikolica
tuo che
Traktor
tuo la ji
Žrebe
ma ju
Osel
lü
Ovca
yang
Jagnje
gao yang

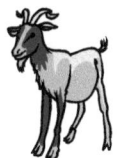

Koza
shan yang

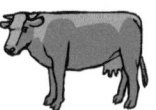

Krava
nai niu

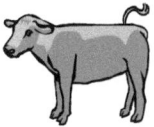

Tele
niu du

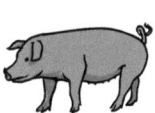

Prašič
zhu

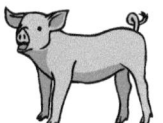

Pujsek
xiao zhu

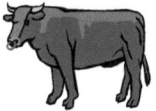

Bik
gong niu

Gos

e

Raca

ya

Piščanec

xiao ji

Kokoš

mu ji

Petelin

gong ji

Podgana

shu

Mačka

mao

Miš

lao shu

Vol

niu

Pes

gou

Pasja uta

gou wu

Cev za zalivanje

hua yuan jiao shui ruan
guan

Kangla za zalivanje

sa shui hu

Kosa

chang bing da lian dao

Plug

li

Srp

lian dao

Motika

chu tou

Vile

chang bing cao pa

Sekira

fu tou

Samokolnica

du lun shou tui che

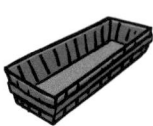

Korito

si liao cao

Kangla za mleko

niu nai guan

Vreča

ma bu dai

Ograja

zha lan

Hlev

ma jiu

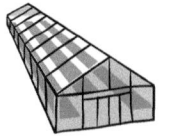

Rastlinjak

wen shi

Prst

tu rang

Seme

zhong zi

Gnojilo

fei liao

Kombajn

lian he shou ge ji

Žeti

shou ge

Žetev

shou ge

Jam

shan yao

Pšenica

xiao mai

Soja

da dou

Krompir

tu dou

Koruza

yu mi

Oljna ogrščica

you cai zi

Sadno drevo

guo shu

Maniok

shu shu

Žito

gu wu

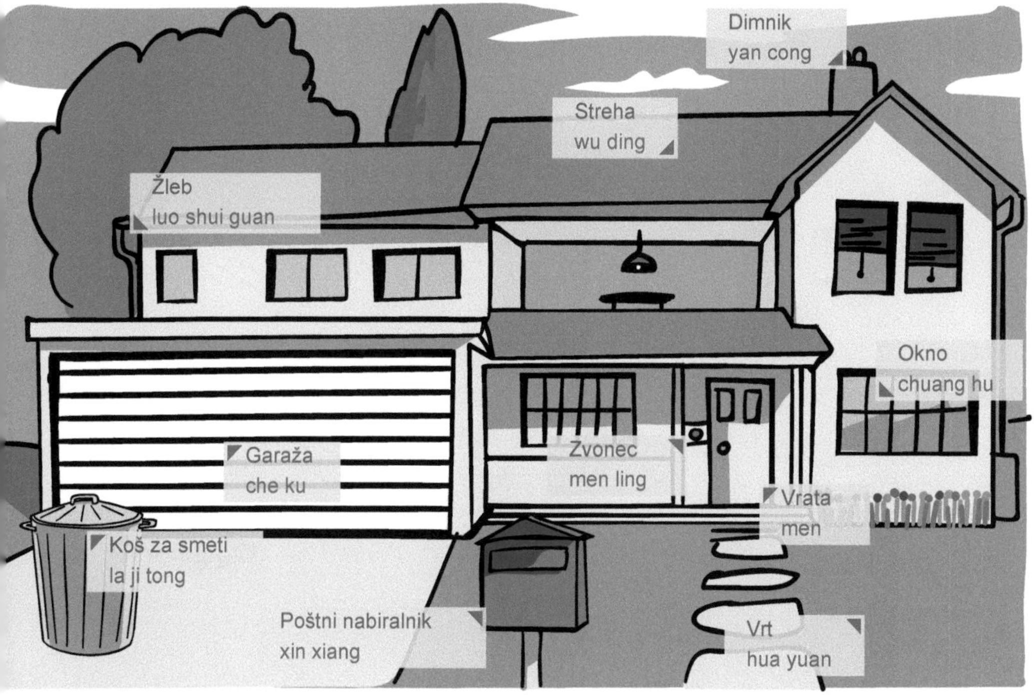

Dimnik
yan cong

Streha
wu ding

Žleb
luo shui guan

Okno
chuang hu

Garaža
che ku

Zvonec
men ling

Vrata
men

Koš za smeti
la ji tong

Poštni nabiralnik
xin xiang

Vrt
hua yuan

Dnevna soba
ke ting

Kopalnica
yu shi

Kuhinja
chu fang

Spalnica
wo shi

Otroška soba
er tong fang

Jedilnica
can ting

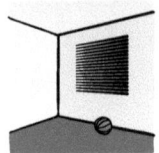

Tla

di ban

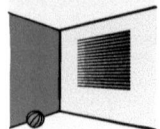

Stena

qiang bi

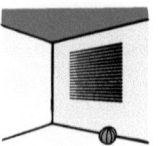

Strop

diao ding

Klet

di jiao

Savna

sang na

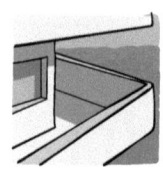

Balkon

yang tai

Terasa

lu tai

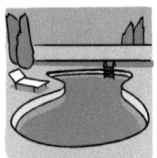

Bazen

you yong chi

Kosilnica

ge cao ji

Rjuha

bei dan

Posteljno pregrinjalo

chuang zhao

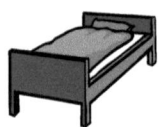

Postelja

chuang

Metla

sao zhou

Vedro

shui tong

Stikalo

kai guan

Dnevna soba

ke ting

Tapeta
bi zhi
Slika
zhao pian
Svetilka
tai deng
Polica
ge jia
Omara
chu gui
Televizor
dian shi ji
Kamin
bi lu
Cvetlica
hua
Blazina
dian zi
Zofa
sha fa
Vaza
hua ping
Daljinski upravljalnik
yao kong qi

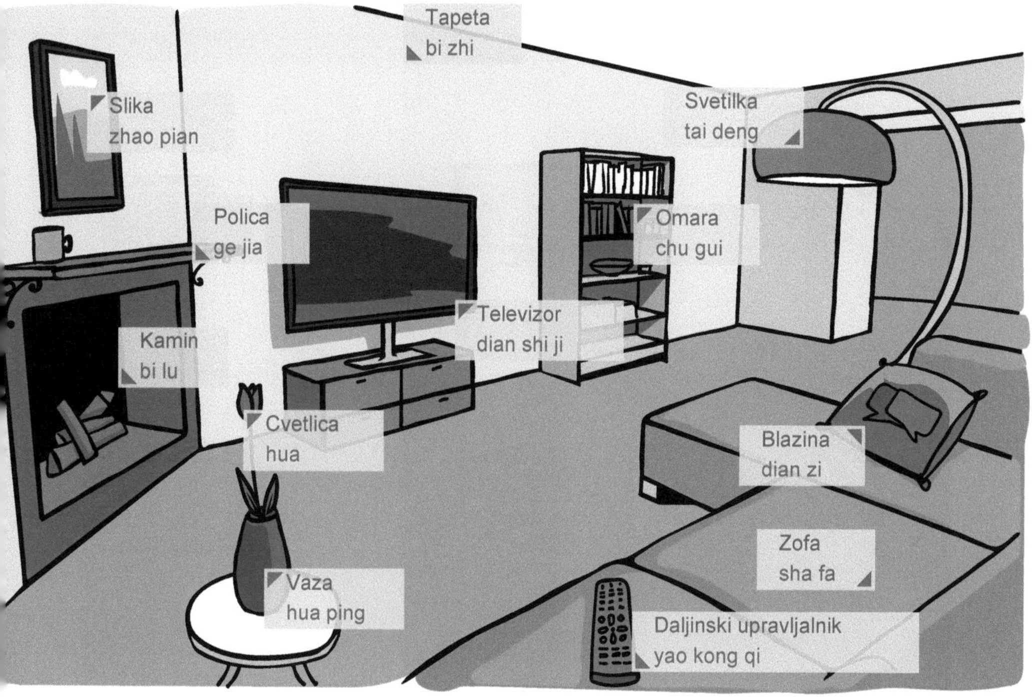

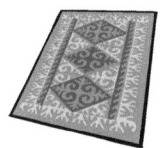

Preproga

di tan

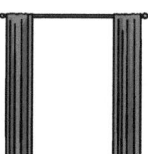

Zavesa

chuang lian

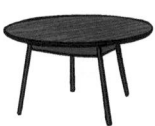

Miza

can zhuo

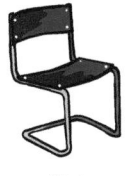

Stol

yi zi

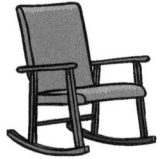

Gugalnik

yao yi

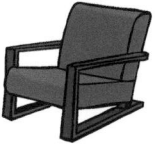

Naslanjač

fu shou yi

Knjiga

shu

Odeja

tan zi

Dekoracija

zhuang shi pin

Drva

mu chai

Film

dian ying

Glasbeni stolp

gao bao zhen yin xiang

Ključ

yao shi

Časopis

bao zhi

Slika

you hua

Plakat

hai bao

Radio

shou yin ji

Beležka

bi ji ben

Sesalnik

xi chen qi

Kaktus

xian ren zhang

Sveča

la zhu

Kuhinja
chu fang

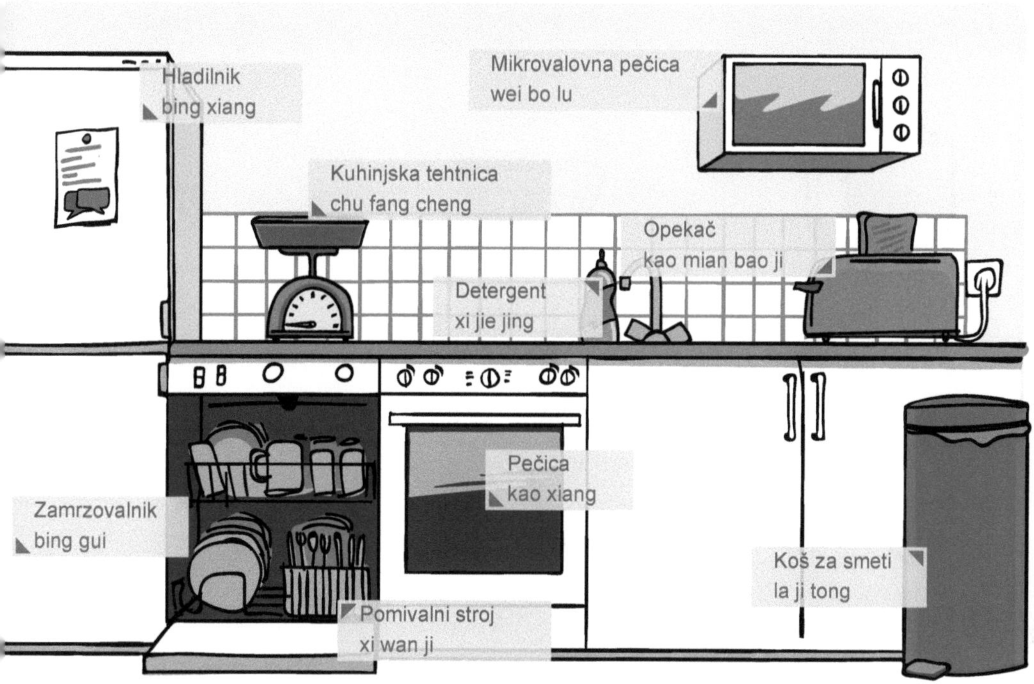
Hladilnik
bing xiang
Mikrovalovna pečica
wei bo lu
Kuhinjska tehtnica
chu fang cheng
Opekač
kao mian bao ji
Detergent
xi jie jing
Pečica
kao xiang
Zamrzovalnik
bing gui
Koš za smeti
la ji tong
Pomivalni stroj
xi wan ji

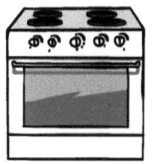

Kozica

chui ju

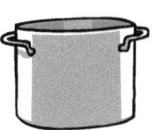

Lonec

guo

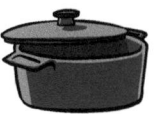

Litoželezni lonec

zhu tie guo

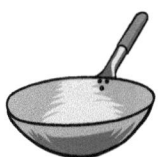

Vok / kadai

sha guo

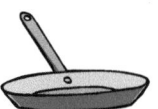

Ponev

ping di guo

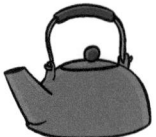

Kotliček

shui hu

Parni kuhalnik

zheng guo

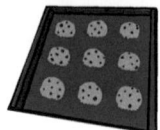

Pekač

kao pan

Posoda

tao ci guo

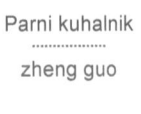

Skodelica

ma ke bei

Skleda

wan

Jedilne paličice

kuai zi

Zajemalka

chang bing shao

Lopatica

chan zi

Metlica

jiao ban qi

Cedilnik

lü wang

Cedilo

shai zi

Strgalo

mo sui ji

Možnar

yan bo

Žar

shao kao

Ognjišče

ming huo

Deska za rezanje

cai ban

Valjar

gan mian zhang

Odpirač za steklenice

kai ping qi

Pločevinka

guan zi

Odpirač za konzerve

kai ping qi

Prijemalka za posodo

ge re shou tao

Korito

shui cao

Ščetka

shua zi

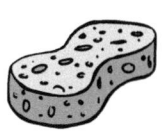

Goba

hai mian

Mešalnik

jiao ban ji

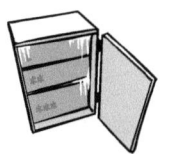

Zamrzovalna skrinja

leng cang xiang

Steklenička

nai ping

Pipa

shui long tou

Kopalnica
yu shi

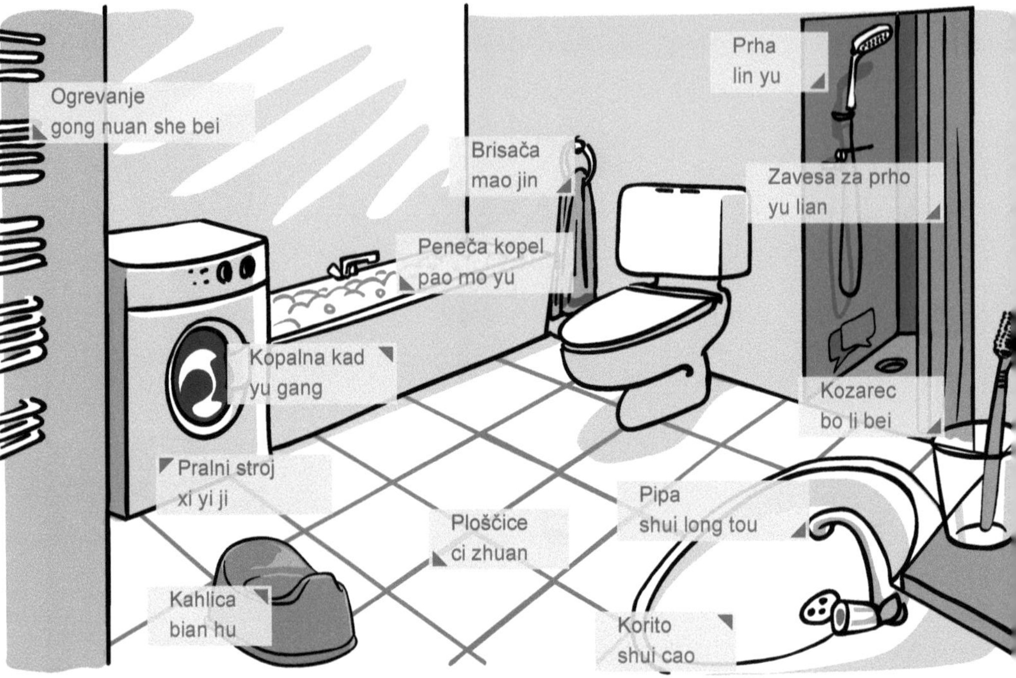

Prha
lin yu
Ogrevanje
gong nuan she bei
Brisača
mao jin
Zavesa za prho
yu lian
Peneča kopel
pao mo yu
Kopalna kad
yu gang
Kozarec
bo li bei
Pralni stroj
xi yi ji
Pipa
shui long tou
Ploščice
ci zhuan
Kahlica
bian hu
Korito
shui cao

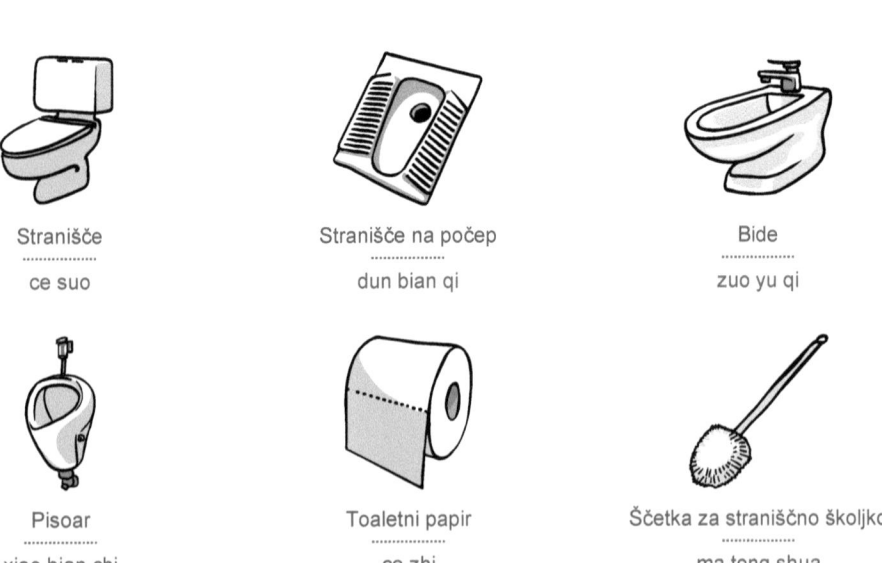

Stranišče

ce suo

Stranišče na počep

dun bian qi

Bide

zuo yu qi

Pisoar

xiao bian chi

Toaletni papir

ce zhi

Ščetka za straniščno školjko

ma tong shua

Zobna ščetka

ya shua

Zobna pasta

ya gao

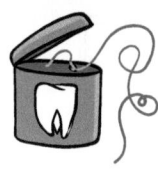

Zobna nitka

ya xian

Umiti se

xi

Ročna prha

shou chi shi pen lin tou

Prha za intimne dele

chong xi qi

Umivalnik

xi lian pen

Krtača za hrbet

ca bei shua

Milo

fei zao

Gel za prhanje

mu yu lu

Šampon

xi fa shui

Krpica za miljenje

fa lan rong

Odtok

pai shui

Krema

ru shuang

Deodorant

chu chou ji

Ogledalo

jing zi

Ročno ogledalo

shou jing

Britvica

ti xu dao

Pena za britje

ti xu pao mo

Vodica po britju

xu hou shui

Glavnik

shu zi

Ščetka

shua zi

Sušilnik za lase

chui feng ji

Lak za lase

pen fa ding xing ji

Ličila

hua zhuang pin

Šminka

chun gao

Lak za nohte

zhi jia you

Vatirane blazinice

hua zhuang mian

Škarjice za nohte

zhi jia jian

Parfum

xiang shui

Toaletna torbica

xi shu bao

Stol brez naslonjala

deng zi

Osebna tehtnica

ji zhong cheng

Kopalni plašč

yu pao

Gumijaste rokavice

xiang jiao shou tao

Tampon

wei sheng mian tiao

Damski vložki

wei sheng jin

Kemično stranišče

hua xue ce suo

Otroška soba

er tong fang

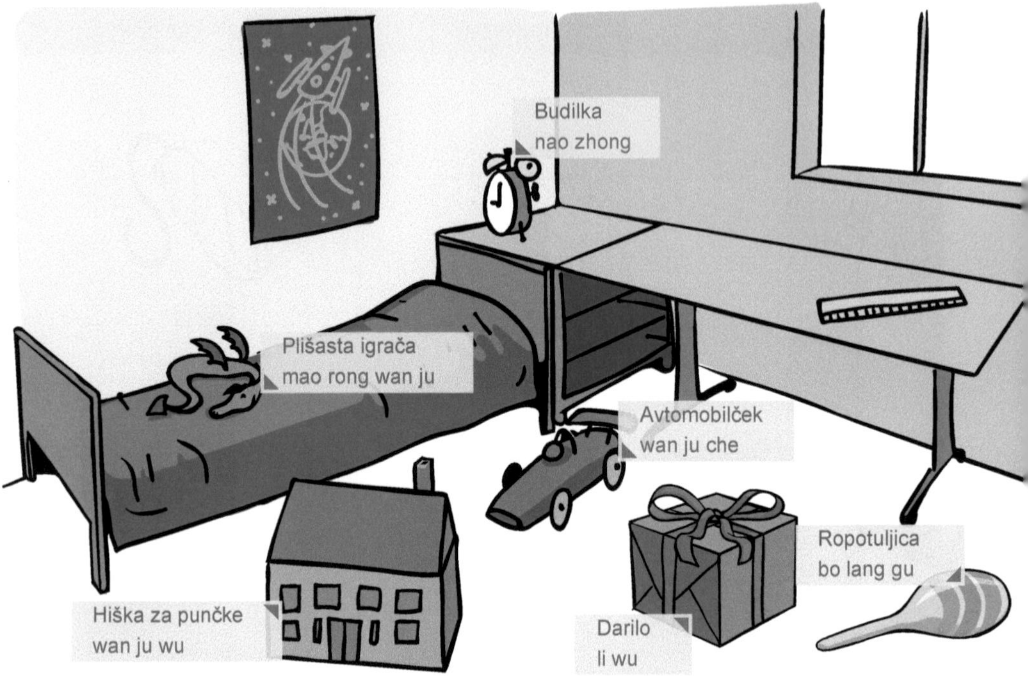

Budilka
nao zhong
Plišasta igrača
mao rong wan ju
Avtomobilček
wan ju che
Ropotuljica
bo lang gu
Hiška za punčke
wan ju wu
Darilo
li wu

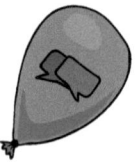

Balon

qi qiu

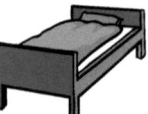

Postelja

chuang

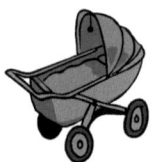

Otroški voziček

(yang wa wa yong)ying er che

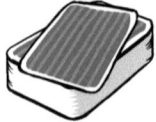

Igralne karte

pu ke pai

Sestavljanka

pin tu

SUPER MEGA

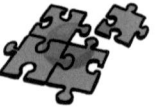

Strip

man hua

Lego kocke

le gao ji mu

Igralne kocke

ji mu wan ju

Akcijska figura

wan ju ren

Bodi

ying er fu

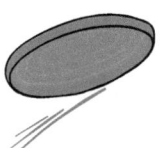

Frizbi

fei pan

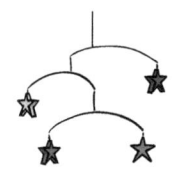

Vrtiljak za posteljico

chuang ling wan ju

Namizna igra

qi pan you xi

Kocka

shai zi

Komplet modelov vlakov

huo che mo xing

Duda

an fu nai zui

Zabava

ju hui

Slikanica

hui ben

Žoga

qiu

Lutka

yang wa wa

Igrati se

wan

Peskovnik

sha keng

Gugalnica

qiu qian

Igrače

wan ju

Igralna konzola

you xi ji

Tricikel

san lun che

Plišasti medvedek

tai di xiong

Garderoba

yi chu

Oblačilo

yi fu

Nogavice

wa zi

Samostoječe nogavice

chang wa

Hlačne nogavice

jin shen ku

Šal
wei jin

Dežnik
yu san

Majica s kratkimi rokavi
T xu

Pas
pi dai

Škornji
xue zi

Copati
tuo xie

Športni copati
yun dong xie

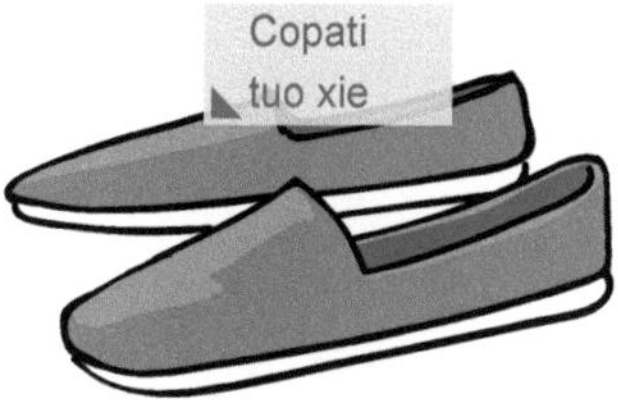

Sandali

liang xie

Čevlji

xie

Gumijasti škornji

yu xue

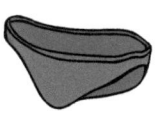

Spodnje hlače

nei ku

Modrček

xiong zhao

Telovnik

bei xin

Bodi

shen ti

Hlače

ku zi

Kavbojke

niu zai ku

Krilo

duan qun

Bluza

nü shi chen shan

Srajca

chen shan

Pulover

tao tou shan

Pletena jopica

wei yi

Jopa

xi zhuang jia ke

Jakna

jia ke

Plašč

wai tao

Dežni plašč

yu yi

Kostim

tao zhuang

Obleka

lian yi qun

Poročna obleka

hun sha

Obleka	**Spalna srajca**	**Pižama**
xi zhuang	shui pao	shui yi

Sari	**Naglavna ruta**	**Turban**
sha li	tou jin	bao tou jin

Burka	**Kaftan**	**Abaja**
bo ka	ka fu tan	(a la bo shi)chang pao

Kopalke	**Kopalne hlače**	**Kratke hlače**
yong yi	nan shi yong ku	duan ku

Trenirka	**Predpasnik**	**Rokavice**
yun dong fu	wei qun	shou tao

Gumb

niu kou

Očala

yan jing

Zapestnica

shou lian

Verižica

xiang lian

Prstan

jie zhi

Uhan

er huan

Kapa

bian mao

Obešalnik

yi jia

Klobuk

mao zi

Kravata

ling dai

Zadrga

la lian

Čelada

tou kui

Naramnice

bei dai

Šolska uniforma

xiao fu

Uniforma

zhi fu

Slinček
wei dou

Duda
an fu nai zui

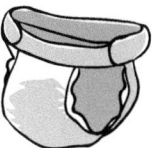

Plenica
niao bu shi

Pisarna
ban gong shi

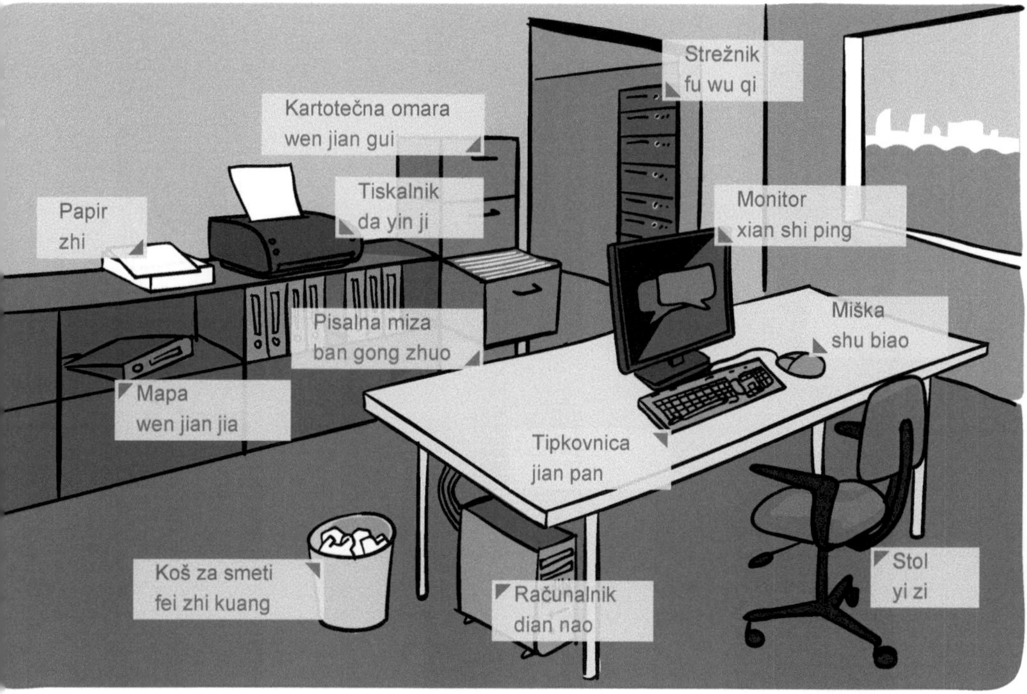

Strežnik
fu wu qi

Kartotečna omara
wen jian gui

Tiskalnik
da yin ji

Papir
zhi

Monitor
xian shi ping

Pisalna miza
ban gong zhuo

Miška
shu biao

Mapa
wen jian jia

Tipkovnica
jian pan

Koš za smeti
fei zhi kuang

Stol
yi zi

Računalnik
dian nao

Lonček za kavo
ka fei bei

Kalkulator
ji suan qi

Internet
yin te wang

Prenosnik

bi ji ben dian nao

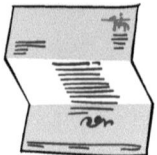

Pismo

xin jian

Sporočilo

xiao xi

Mobilnik

shou ji

Omrežje

wang luo

Kopirni stroj

fu yin ji

Programska oprema

ruan jian

Telefon

dian hua

Vtičnica

cha zuo

Telefaks

chuan zhen ji

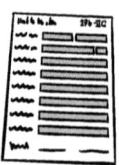

Obrazec

biao ge

Dokument

wen jian

Kupiti

mai

Plaćati

fu qian

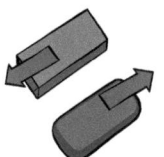

Trgovati

jiao yi

Denar

xian jin

Dolar

mei yuan

Evro

ou yuan

Jen

ri yuan

Rubelj

lu bu

Švičarski frank

rui shi fa lang

Kitajski juan renminbi

ren min bi

Rupija

lu bi

Bankomat

ti kuan chu

Menjalnica

wai bi dui huan chu

Zlato

jin

Srebro

yin

Nafta

shi you

Energija

neng yuan

Cena

jia ge

Pogodba

he tong

Davek

shui jin

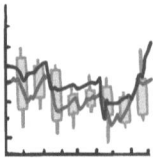

Delnice

gu piao

Delati

gong zuo

Delojemalec

zhi yuan

Delodajalec

lao ban

Tovarna

gong chang

Trgovina

shang dian

Poklici

zhi ye

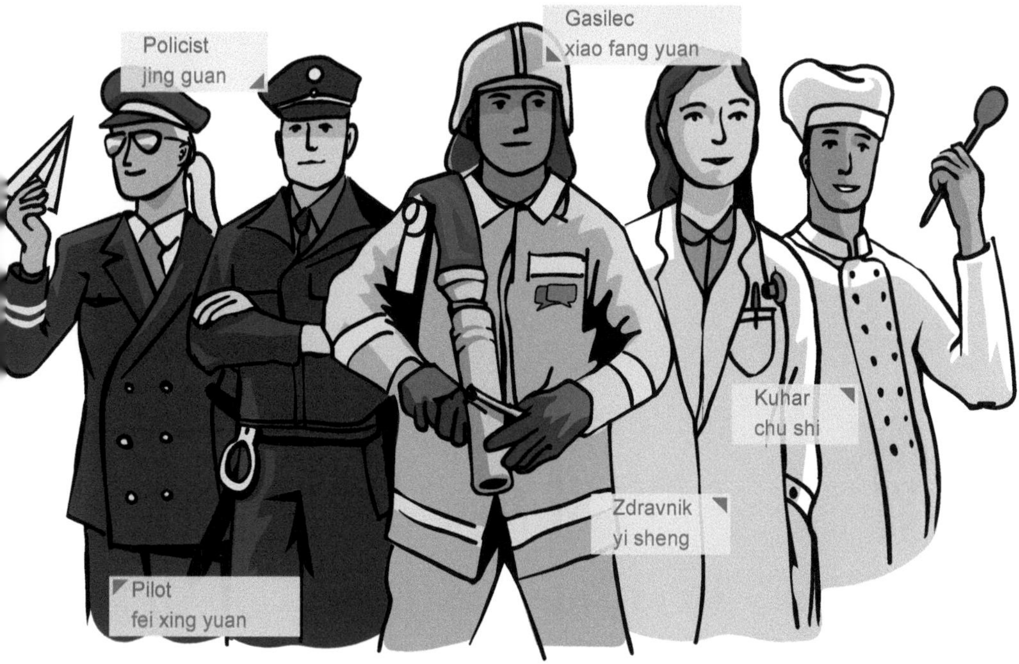

Policist
jing guan
Gasilec
xiao fang yuan
Kuhar
chu shi
Zdravnik
yi sheng
Pilot
fei xing yuan

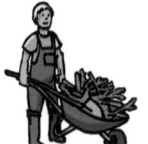

Vrtnar

yuan ding

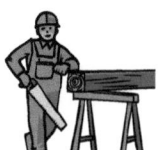

Mizar

mu jiang

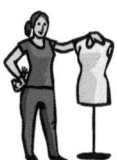

Šivilja

cai feng

Sodnik

fa guan

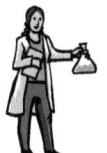

Kemik

hua xue jia

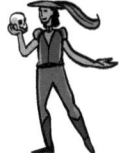

Igralec

yan yuan

Voznik avtobusa

gong jiao che si ji

Taksist

chu zu che si ji

Ribič

yu fu

Čistilka

qing jie nü gong

Krovec

wu ding gong

Natakar

fu wu yuan

Lovec

lie ren

Pleskar

hua jia

Pek

mian bao shi

Električar

dian gong

Gradbenik

jian zhu gong ren

Inženir

gong cheng shi

Mesar

tu fu

Vodovodni inštalater

shui guan gong

Poštar

you di yuan

Vojak

shi bing

Arhitekt

jian zhu shi

Blagajnik

shou yin yuan

Cvetličar

hua nong

Frizer

li fa shi

Sprevodnik

shou piao yuan

Mehanik

ji xie shi

Kapitan

chuan zhang

Zobozdravnik

ya yi

Znanstvenik

ke xue jia

Rabin

la bi

Imam

yi ma mu

Menih

he shang

Duhovnik

mu shi

Orodje

gong ju

Kladivo
tie chui
Klešče
qian zi
Izvijač
luo si dao
Vijačni ključ
ban shou
Žepna svetilka
shou dian tong

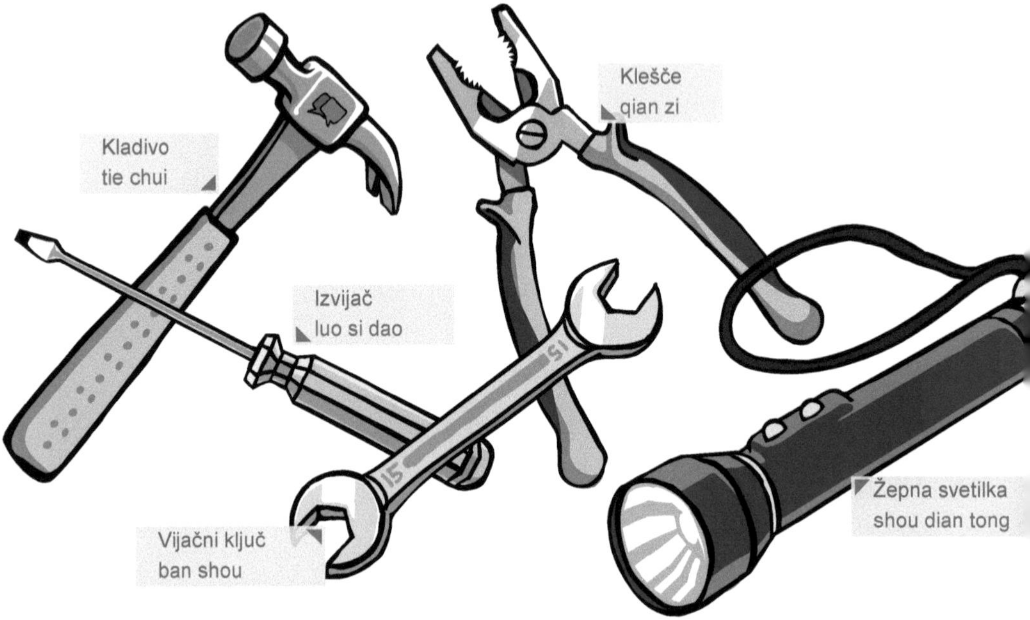

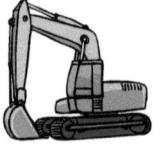

Bager

wa jue ji

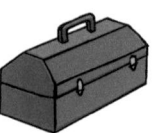

Zaboj z orodjem

gong ju xiang

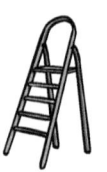

Lestev

ti zi

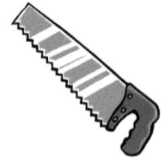

Žaga

ju zi

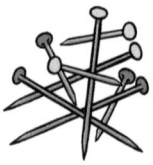

Žeblji

ding zi

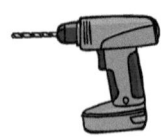

Vrtalnik

zuan ji

Popraviti

xiu

Lopata

chan zi

Šment!

kao!

Smetišnica

bo ji

Posoda z barvo

you qi tong

Vijaki

luo si

Glasbeni instrument
yue qi

Zvočnik
yang sheng qi

Tolkala
da ji yue qi

Kitara
ji ta

Kontrabas
di yin ti qin

Trobenta
xiao hao

Klavir

gang qin

Violina

xiao ti qin

Bas kitara

bei si

Pavke

ding yin gu

Bobni

gu

Sintetizator

dian zi qin

Saksofon

sa ke si guan

Flavta

chang di

Mikrofon

mai ke feng

Živalski vrt

dong wu yuan

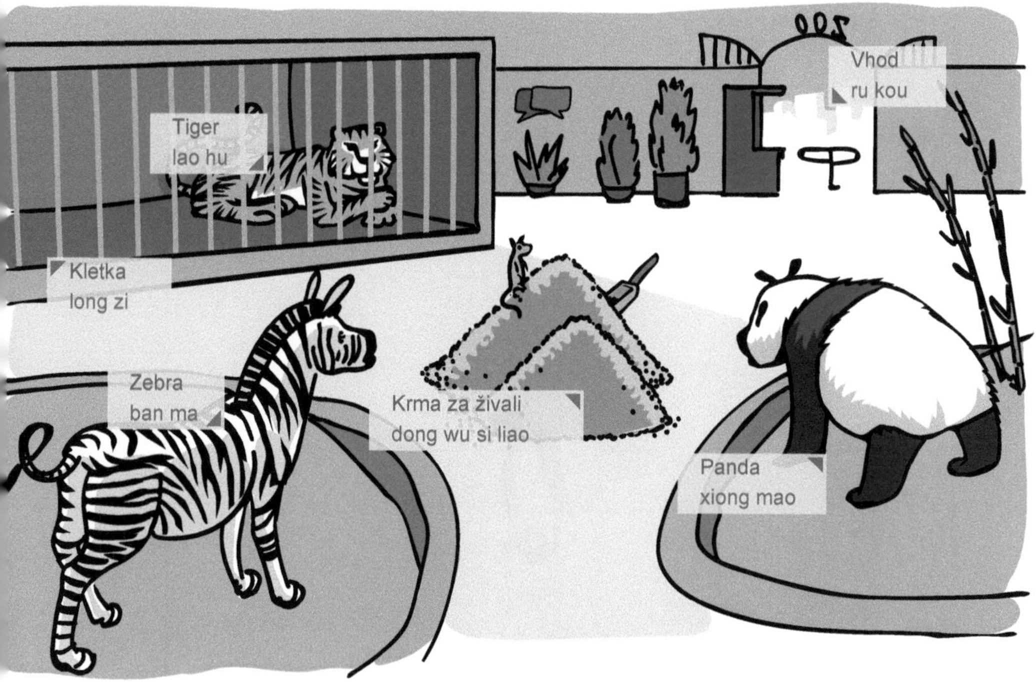

Tiger
lao hu
Vhod
ru kou
Kletka
long zi
Zebra
ban ma
Krma za živali
dong wu si liao
Panda
xiong mao

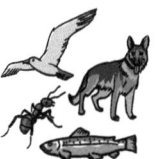

Živali

dong wu

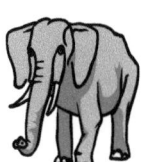

Slon

da xiang

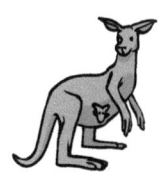

Kenguru

dai shu

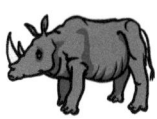

Nosorog

xi niu

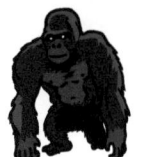

Gorila

da xing xing

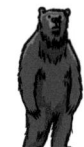

Medved

xiong

Kamela

luo tuo

Noj

tuo niao

Lev

shi zi

Opica

hou zi

Plamenec

huo lie niao

Papagaj

ying wu

Severni medved

bei ji xiong

Pingvin

qi e

Morski pes

sha yu

Pav

kong que

Kača

she

Krokodil

e yu

Oskrbnik v živalskem vrtu

dong wu yuan guan li yuan

Tjulenj

hai bao

Jaguar

mei zhou bao

Poni

ai zhong ma

Leopard

bao

Povodni konj

he ma

Žirafa

chang jing lu

Orel

lao ying

Divji prašič

ye zhu

Riba

yu

Želva

gui

Mrož

hai xiang

Lisica

hu li

Gazela

ling yang

Ameriški nogomet
gan lan qiu

Kolesarjenje
qi zi xing che

Tenis
wang qiu

Košarka
lan qiu

Plavanje
you yong

Boks
quan ji

Hokej
bing qiu

Nogomet

ying shi zu qiu

Badminton

yu mao qiu

Atletika

tian jing

Rokomet

shou qiu

Smučanje

hua xue

Polo

ma qiu

Skočiti
tiao

Objeti
yong bao

Smejati se
xiao

Hoditi
zou lu

Peti
chang

Sanjati
zuo meng

Moliti
qi dao

Poljubiti
qin wen

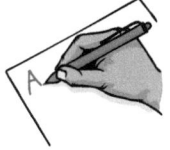

Pisati

shu xie

Risati

hua

Pokazati

zhan shi

Potisniti

tui

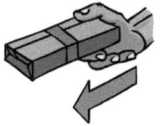

Dati

gei

Vzeti

na

Imeti

you

Narediti

zuo

Biti

dang

Stati

zhan

Teči

pao

Vleči

la

Vreči

reng

Pasti

shuai dao

Ležati

tang

Čakati

deng dai

Nositi

xie dai

Sedeti

zuo

Obleči se

chuan yi

Spati

shui jiao

Zbuditi se

xing lai

Gledati

kan

Jokati

ku

Božati

fu mo

Česati se

shu tou

Govoriti

jiao tan

Razumeti

ming bai

Vprašati

wen

Poslušati

ting

Piti

he

Jesti

chi

Pospraviti

qing li

Ljubiti

ai

Kuhati

zuo fan

Voziti

kai che

Leteti

fei

Jadrati

hang xing

Računanje

ji suan

Brati

du

Učiti se

xue xi

Delati

gong zuo

Poročiti se

jie hun

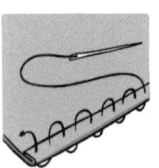

Šivati

feng

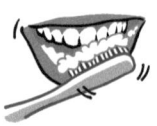

Ščetkati si zobe

shua ya

Ubiti

sha

Kaditi

chou yan

Poslati

ji

Družina

jia

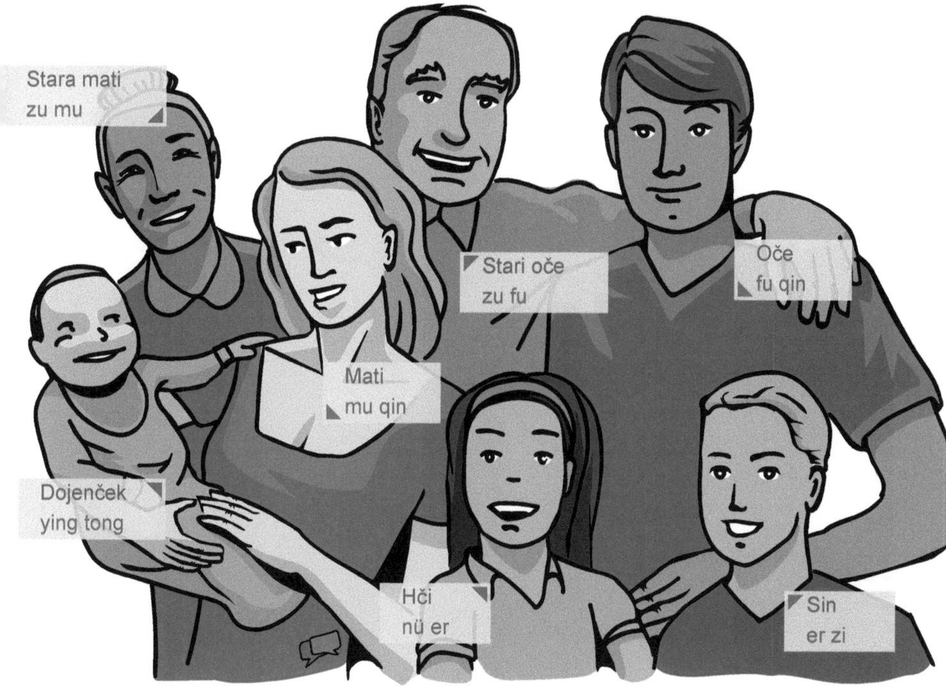

Stara mati
zu mu
Stari oče
zu fu
Oče
fu qin
Mati
mu qin
Dojenček
ying tong
Hči
nü er
Sin
er zi

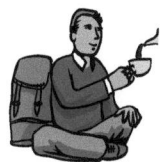

Gost

ke ren

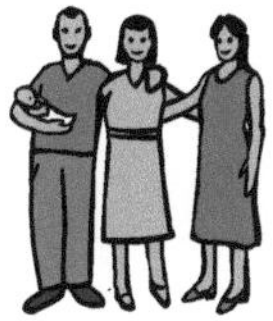

Teta

a yi

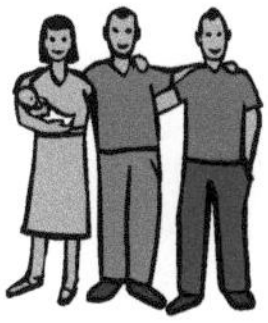

Stric

shu shu

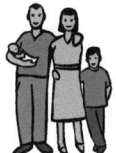

Brat

xiong di

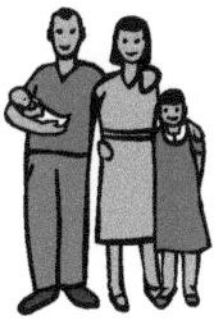

Sestra

jie mei

Telo
shen ti

Čelo
qian e
Oko
yan jing
Obraz
lian
Brada
xia ba
Prst
shou zhi
Dlan
shou
Prsi
ru fang
Roka
shou bi
Rama
jian bang
Noga
tui

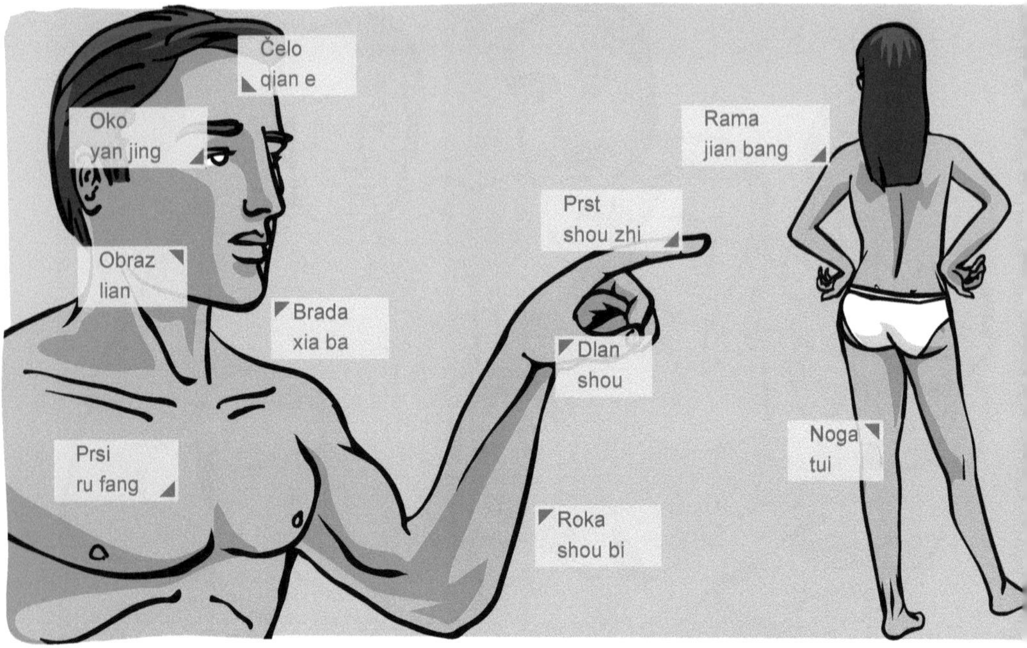

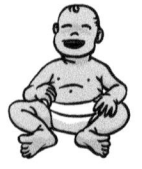

Dojenček

ying tong

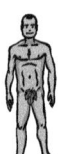

Človek

nan ren

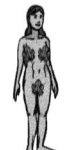

Ženska

nü ren

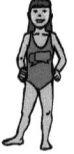

Dekle

nü hai

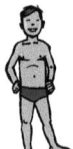

Fant

nan hai

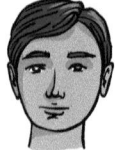

Glava

tou

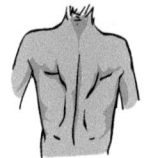

Hrbet

bei bu

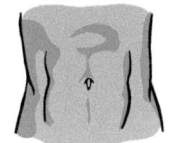

Trebuh

du zi

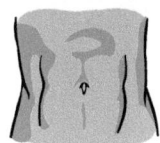

Popek

du qi

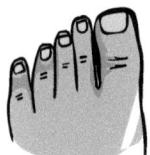

Prst na nogi

jiao zhi

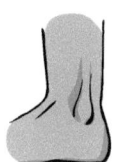

Peta

jiao hou gen

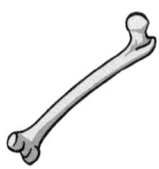

Kost

gu tou

Kolk

tun bu

Koleno

xi gai

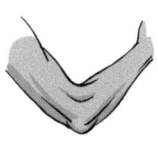

Komolec

shou zhou

Nos

bi zi

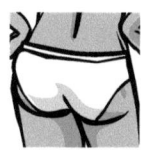

Zadnjica

pi gu

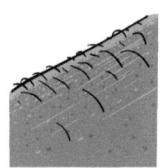

Koža

pi fu

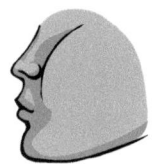

Lice

lian jia

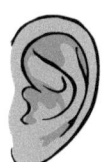

Uho

er duo

Ustnica

zui chun

Usta

zui

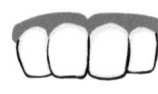

Zob

ya chi

Jezik

she tou

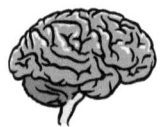

Možgani

nao

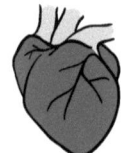

Srce

xin zang

Mišica

ji rou

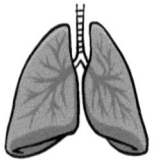

Pljuča

fei

Jetra

gan zang

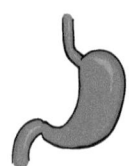

Želodec

wei

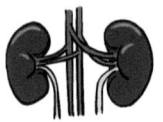

Ledvice

shen zang

Spolni odnos

xing jiao

Kondom

bi yun tao

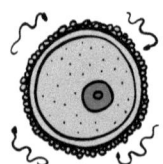

Jajčece

luan zi

Semenska tekočina

jing zi

Nosečnost

huai yun

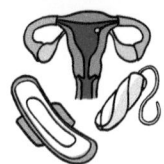

Menstruacija

yue jing

Vagina

yin dao

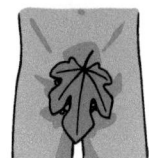

Penis

yin jing

Obrv

mei mao

Lasje

tou fa

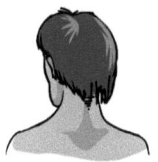

Vrat

bo zi

Bolnišnica
yi yuan

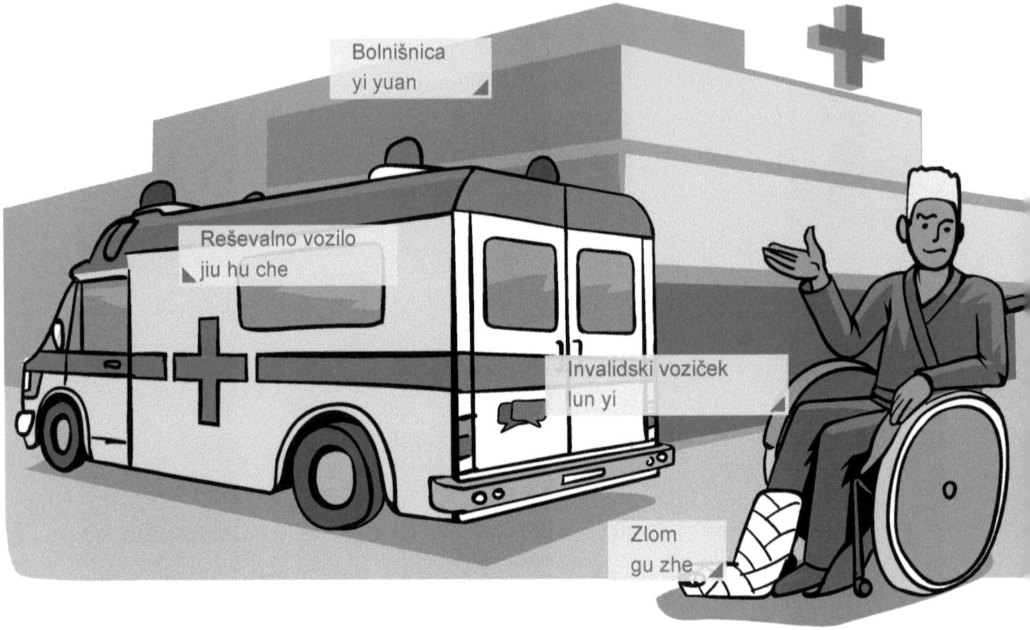

Bolnišnica
yi yuan
Reševalno vozilo
jiu hu che
Invalidski voziček
lun yi
Zlom
gu zhe

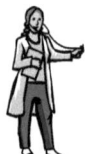

Zdravnik

yi sheng

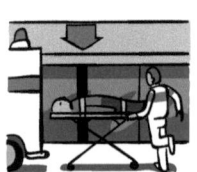

Urgenca

ji zhen shi

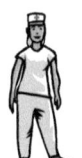

Medicinska sestra

hu shi

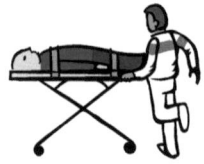

Nujni primer

jin ji qing kuang

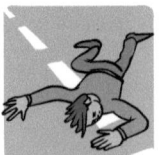

Nezavesten

hun mi

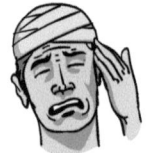

Bolečina

tong

Poškodba

shou shang

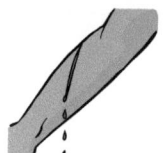

Krvavenje

chu xue

Srčni infarkt

xin zang bing fa zuo

Kap

zhong feng

Alergija

guo min

Kašelj

ke sou

Vročina

fa shao

Gripa

liu gan

Driska

fu xie

Glavobol

tou tong

Rak

ai zheng

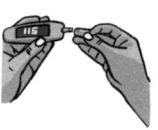

Sladkorna bolezen

tang niao bing

Kirurg

wai ke yi sheng

Skalpel

shou shu dao

Operacija

shou shu

CT

CT

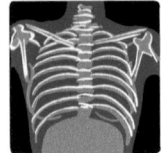

Rentgen

X guang

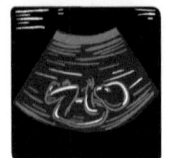

Ultrazvok

chao sheng bo

Obrazna maska

kou zhao

Bolezen

ji bing

Čakalnica

hou zhen shi

Bergla

guai zhang

Obliž

shi gao

Preveza

beng dai

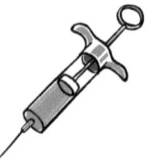

Injekcija

zhu she

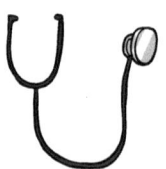

Stetoskop

ting zhen qi

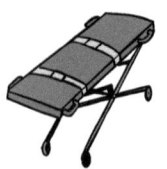

Nosila

dan jia

Klinični termometer

ti wen ji

Porod

chu sheng

Prekomerna teža

chao zhong

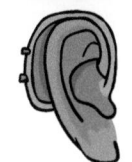

Slušni pripomoček

zhu ting qi

Razkužilo

xiao du ye

Okužba

gan ran

Virus

bing du

HIV / AIDS

ai zi bing

Medicina

yao wu

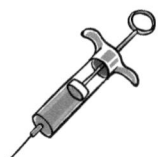

Cepljenje

jie zhong yi miao

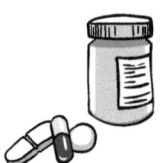

Tablete

yao pian

Tableta

yao wan

Klic v sili

ji jiu dian hua

Merilnik krvnega tlaka

xue ya ji

bolano / zdravo

sheng bing/jian kang

Na pomoč!

jiu ming!

Alarm

jing bao

Napad

tu ji

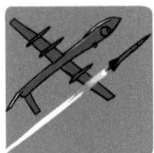

Napad

gong ji

Nevarnost

wei xian

Izhod v sili

jin ji chu kou

Gori!

zhao huo la!

Gasilni aparat

mie huo qi

Nezgoda

yi wai

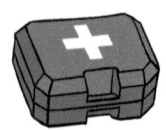

Komplet za prvo pomoč

ji jiu xiang

SOS

hu jiu xin hao

Policija

jing cha

Evropa

ou zhou

Severna Amerika

bei mei zhou

Južna Amerika

nan mei zhou

Afrika

fei zhou

Azija

ya zhou

Avstralija

ao zhou

Atlantski ocean

da xi yang

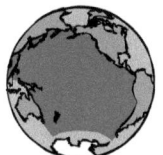

Tihi ocean

tai ping yang

Indijski ocean

yin du yang

Južni ocean

nan bing yang

Arktični ocean

bei bing yang

Severni tečaj

bei ji

Južni tečaj

nan ji

Antarktika

nan ji zhou

Zemlja

di qiu

Kopno

lu di

Morje

hai

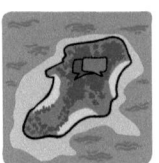

Otok

dao

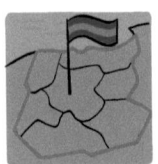

Narod

guo jia

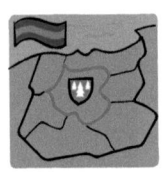

Država

guo jia

Številčnica

zhong mian

Urni kazalec

shi zhen

Minutni kazalec

fen zhen

Sekundni kazalec

miao zhen

Koliko je ura?

xian zai ji dian?

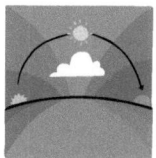

Dan

tian

Čas

shi jian

Zdaj

xian zai

Digitalna ura

dian zi biao

Minuta

fen

Ura

shi

Teden
zhou

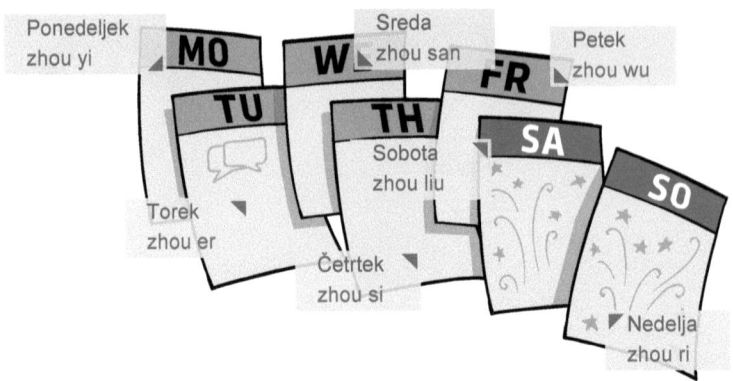

Ponedeljek
zhou yi

Sreda
zhou san

Petek
zhou wu

Torek
zhou er

Četrtek
zhou si

Sobota
zhou liu

Nedelja
zhou ri

Včeraj

zuo tian

Danes

jin tian

Jutri

ming tian

Jutro

zao chen

Poldne

zhong wu

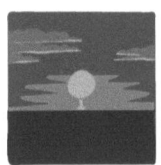

Večer

wan shang

MO	TU	WE	TH	FR	SA	SU
1	2	3	4	5	6	7
8	9	10	11	12	13	14
15	16	17	18	19	20	21
22	23	24	25	26	27	28
29	30	31	1	2	3	4

Delovni dnevi

gong zuo ri

MO	TU	WE	TH	FR	SA	SU
1	2	3	4	5	6	7
8	9	10	11	12	13	14
15	16	17	18	19	20	21
22	23	24	25	26	27	28
29	30	31	1	2	3	4

Konec tedna

zhou mo

Dež
yu

Mavrica
cai hong

Sneg
xue

Veter
feng

Pomlad
chun

Jesen
qiu

Poletje
xia

Zima
dong

4.APRIL	11°	☀
5.APRIL	4°	☁
6.APRIL	13°	☔
7.APRIL	8°	☀
8.APRIL	10°	☀

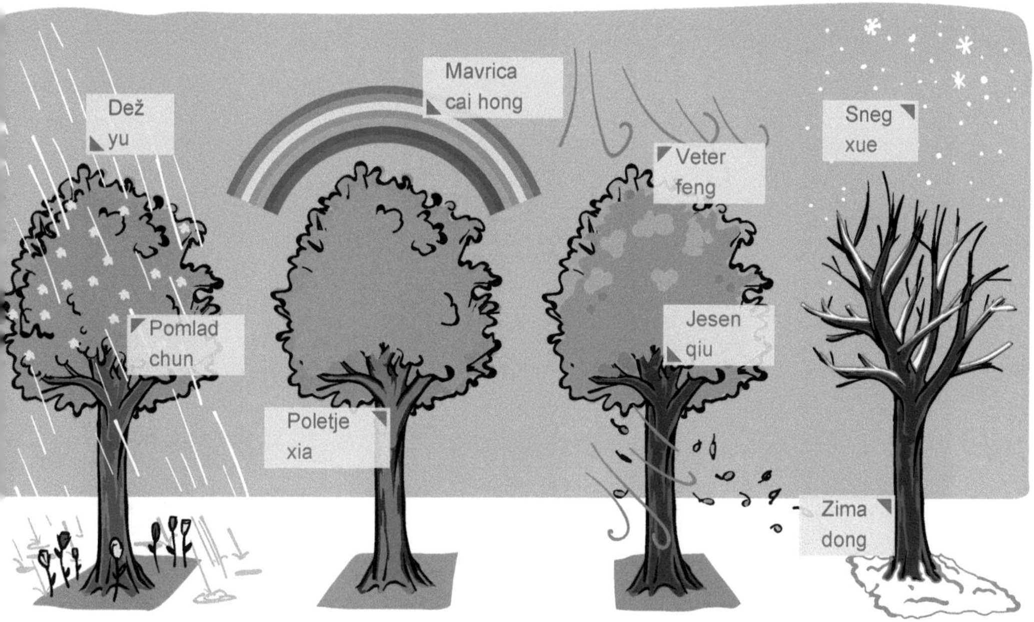

Vremenska napoved

tian qi yu bao

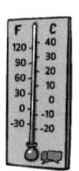

Termometer

wen du ji

Sončna svetloba

yang guang

Oblak

yun

Megla

wu

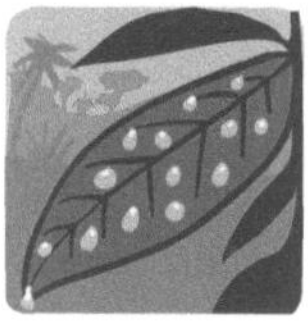

Vlažnost

chao shi

Strela

shan dian

Grom

da lei

Nevihta

feng bao

Toča

bing bao

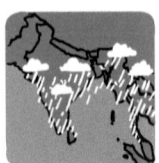

Monsun

ji feng

Poplava

hong shui

Led

bing

Januar

yi yue

Februar

er yue

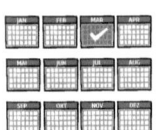

Marec

san yue

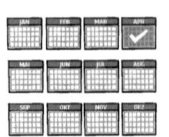

April

si yue

Maj

wu yue

Junij

liu yue

Julij

qi yue

Avgust

ba yue

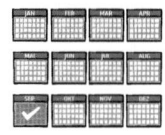

September
....
jiu yue

Oktober
....
shi yue

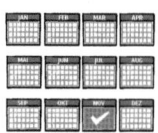

November
....
shi yi yue

December
....
shi er yue

Oblike
xing zhuang

Krogla
....
yuan xing

Kvadrat
....
zheng fang xing

Pravokotnik
....
chang fang xing

Trikotnik
....
san jiao xing

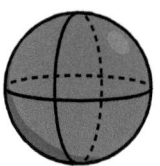

Krogla
....
qiu ti

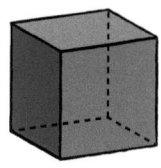

Kocka
....
li fang ti

Bela

bai

Rumena

huang

Oranžna

cheng

Rožnata

fen

Rdeča

hong

Vijolična

zi

Modra

lan

Zelena

lü

Rjava

zong

Siva

hui

Črna

hei

veliko / malo

hen duo/shao xu

jezno / umirjeno

sheng qi/ping jing

lepo / grdo

mei/chou

začetek / konec

shou/wei

veliko / majhno

da/xiao

svetlo / temno

ming/an

brat / sestra

xiong di/jie mei

čisto / umazano

gan jing/ang zang

popolno / nepopolno

wan zheng/que shi

dan / noč

bai tian/wan shang

mrtvo / živo

si/sheng

široko / ozko

kuan/zhai

užitno / neužitno

ke shi yong/fei shi yong

zlobno / prijazno

xie e/shan liang

vznemirjeno / zdolgočaseno

xing fen/wu liao

debelo / vitko

pang/shou

prvo / zadnje

di yi/zui hou

prijatelj / sovražnik

peng you/di ren

polno / prazno

man/kong

trdo / mehko

ying/ruan

težko / lahko

zhong/qing

lakota / žeja

e/ke

bolano / zdravo

sheng bing/jian kang

nezakonito / zakonito

fei fa/he fa

pametno / neumno

cong ming/yu ben

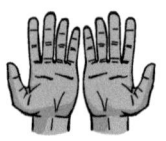

levo / desno

zuo/you

blizu / daleč

jin/yuan

novo / rabljeno

xin/jiu

nič / nekaj

mei you/you xie

staro / mlado

lao/you

vklopljeno / izklopljeno

kai/guan

odprto / zaprto

da kai/he shang

tiho / glasno

an jing/chao nao

bogato / revno

fu/qiong

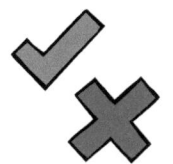

prav / narobe

dui/cuo

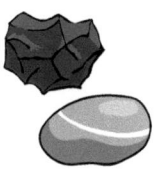

grobo / gladko

cu cao/guang hua

žalostno / veselo

shang xin/gao xing

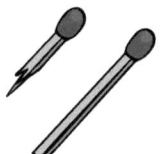

kratko / dolgo

duan/chang

počasi / hitro

man/kuai

mokro / suho

shi/gan

toplo / hladno

wen nuan/liang shuang

vojna / mir

zhan zheng/he ping

0

Ničla

ling

1

Ena

yi

2

Dva

er

3

Tri

san

4

Štiri

si

5

Pet

wu

6

Šest

liu

7

Sedem

qi

8

Osem

ba

9

Devet

jiu

10

Deset

shi

11

Enajst

shi yi

12

Dvanajst

shi er

13

Trinajst

shi san

14

Štirinajst

shi si

15

Petnajst

shi wu

16

Šestnajst

shi liu

17

Sedemnajst

shi qi

18

Osemnajst

shi ba

19

Devetnajst

shi jiu

20

Dvajset

er shi

100

Sto

bai

1.000

Tisoč

qian

1.000.000

Milijon

bai wan

Angleščina

ying yu

Ameriška angleščina

mei shi ying yu

Mandarinščina

pu tong hua

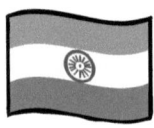

Hindujščina

yin di yu

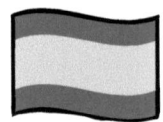

Španščina

xi ban ya yu

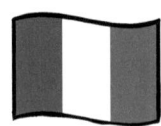

Francoščina

fa yu

Arabščina

a la bo yu

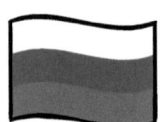

Ruščina

e yu

Portugalščina

pu tao ya yu

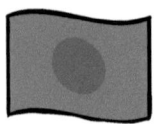

Bengalščina

feng jia la yu

Nemščina

de yu

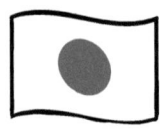

Japonščina

ri yu

Jaz

wo

Ti

ni

On / ona / tisto

ta/ta/ta

Mi

wo men

Vi

ni men

Oni

ta men

Kdo?

shei?

Kaj?

shen me?

Kako?

zen yang?

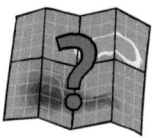

Kje?

na li?

Kdaj?

shen me shi hou?

Ime

ming zi

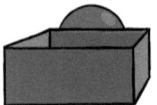

Zadaj

hou mian

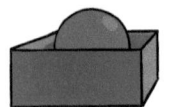

V

li mian

Pred

qian mian

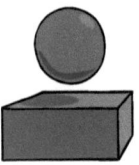

Nad

shang fang

Na

shang mian

Pod

xia mian

Poleg

pang bian

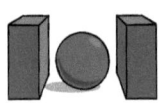

Med

zhong jian

Kraj

di dian